Você
produza uma pe

ChatGPT
Bate-papoGPT
Claro, eu adoraria ajudar! No entanto, parece que sua mensagem está
incompleta. Você poderia me fornecer mais detalhes sobre o que você gostaria
que eu produzisse? Por exemplo, você gostaria que eu produzisse uma peça de
teatro, uma peça musical, uma peça de roupa, ou algo completamente
diferente? Por favor, me forneça mais informações para que eu possa criar algo
de acordo com suas especificações.

Você
produza uma pequena introdusao de agradecimento por compra meu livro de
colorir

ChatGPT
Bate-papoGPT
CI
Caro leitor,
É com imensa gratidão que dedico estas palavras a você, que agora segura em
suas mãos o resultado de um trabalho feito com amor e dedicação. Ao adquirir
este livro de colorir, você não apenas escolheu trazer cor e vida às páginas que o
compõem, mas também optou por fazer parte de uma jornada criativa e
inspiradora.
Permita-me expressar minha sincera gratidão por confiar em mim para
proporcionar momentos de relaxamento, criatividade e diversão. Cada linha,
cada detalhe desenhado, foi concebido com o objetivo de despertar sua
imaginação e transportá-lo para um mundo de possibilidades coloridas

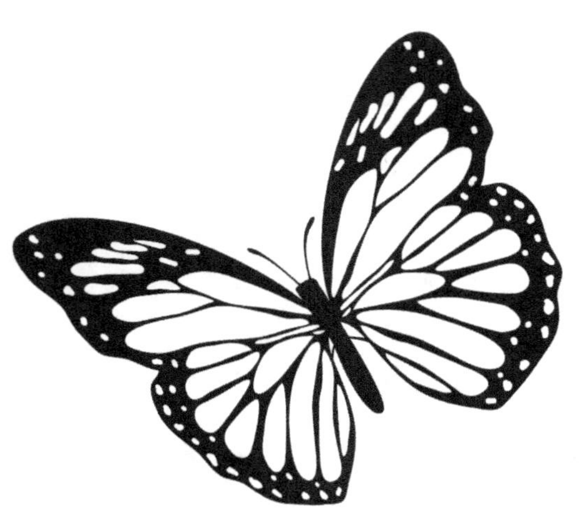

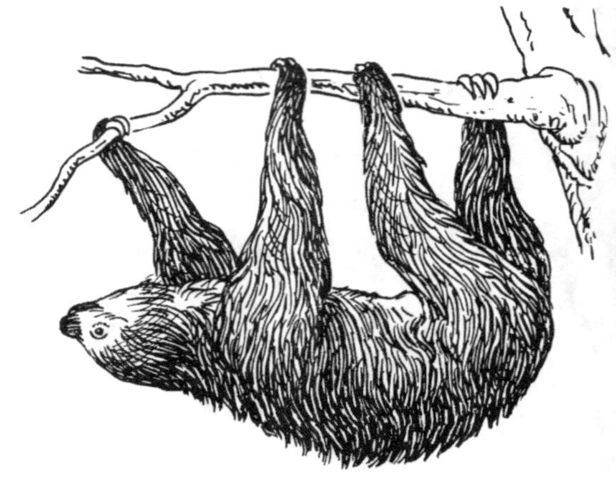

This Book Belongs to:

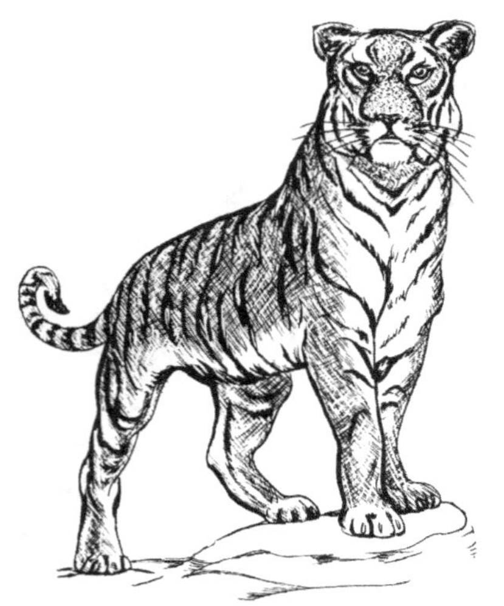

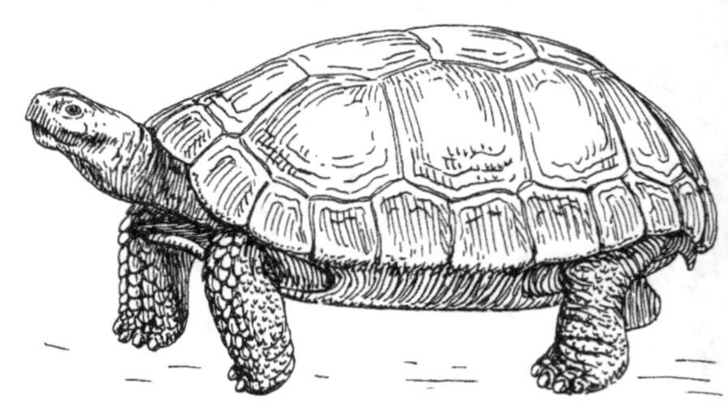

Test Color Page

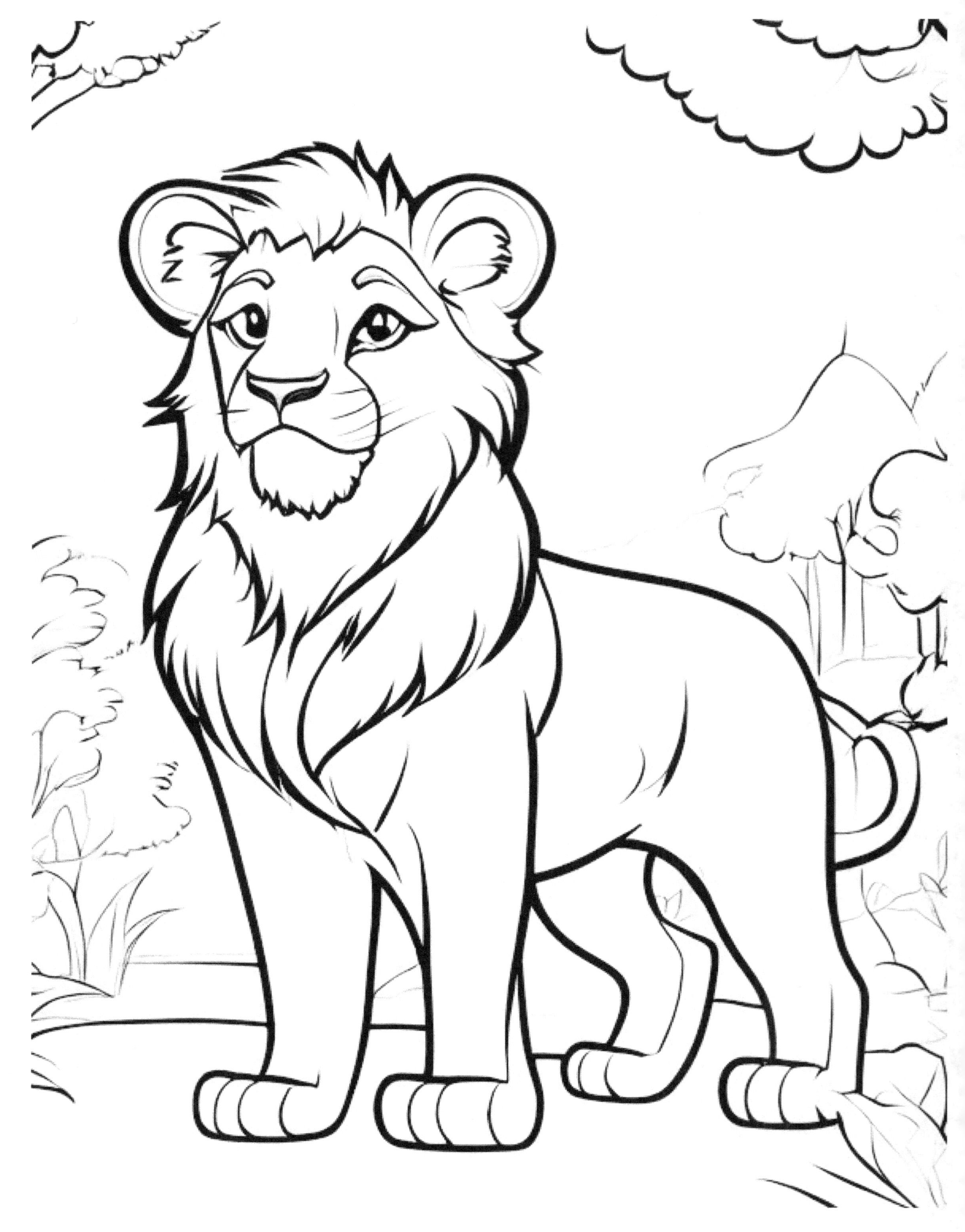

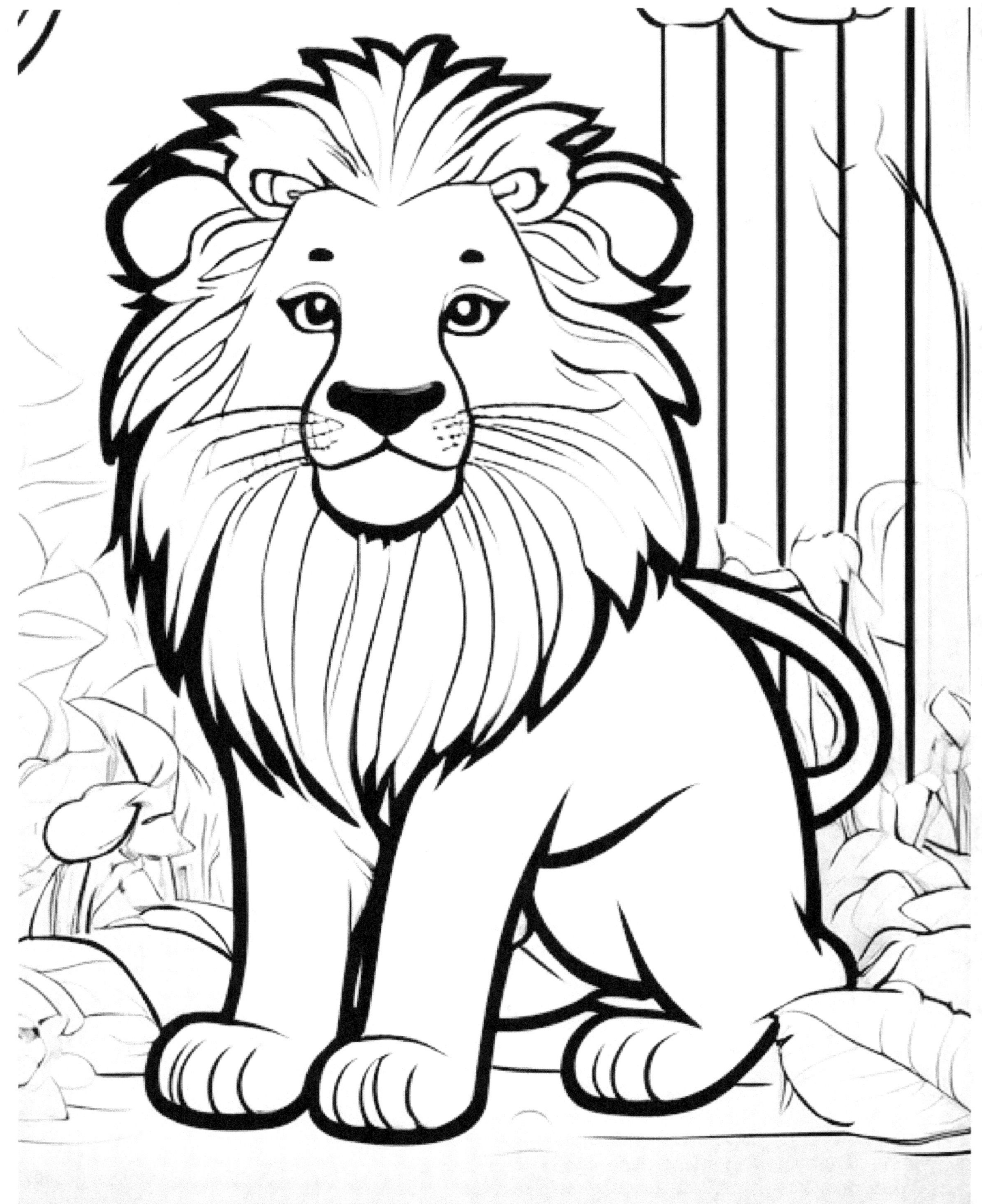

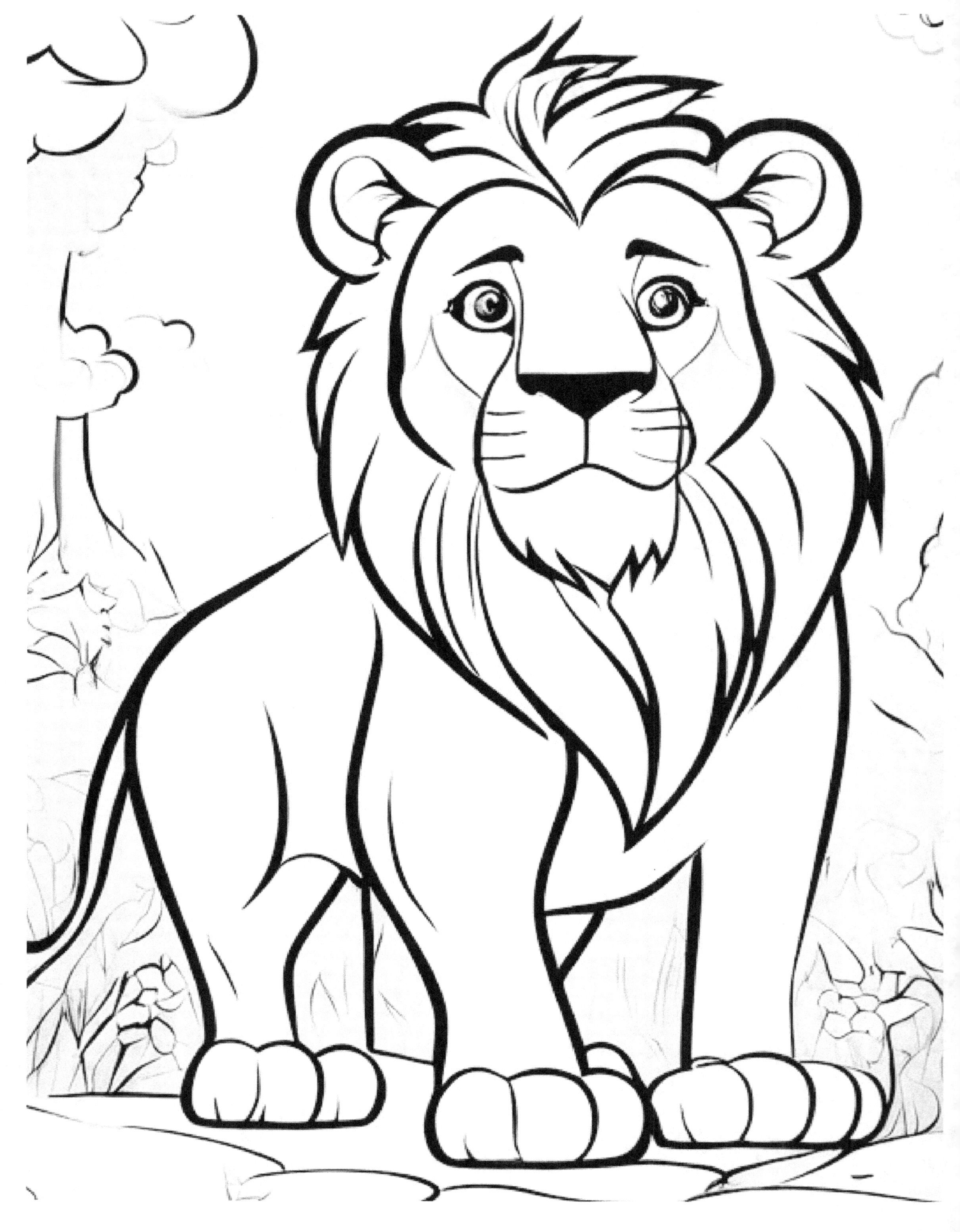

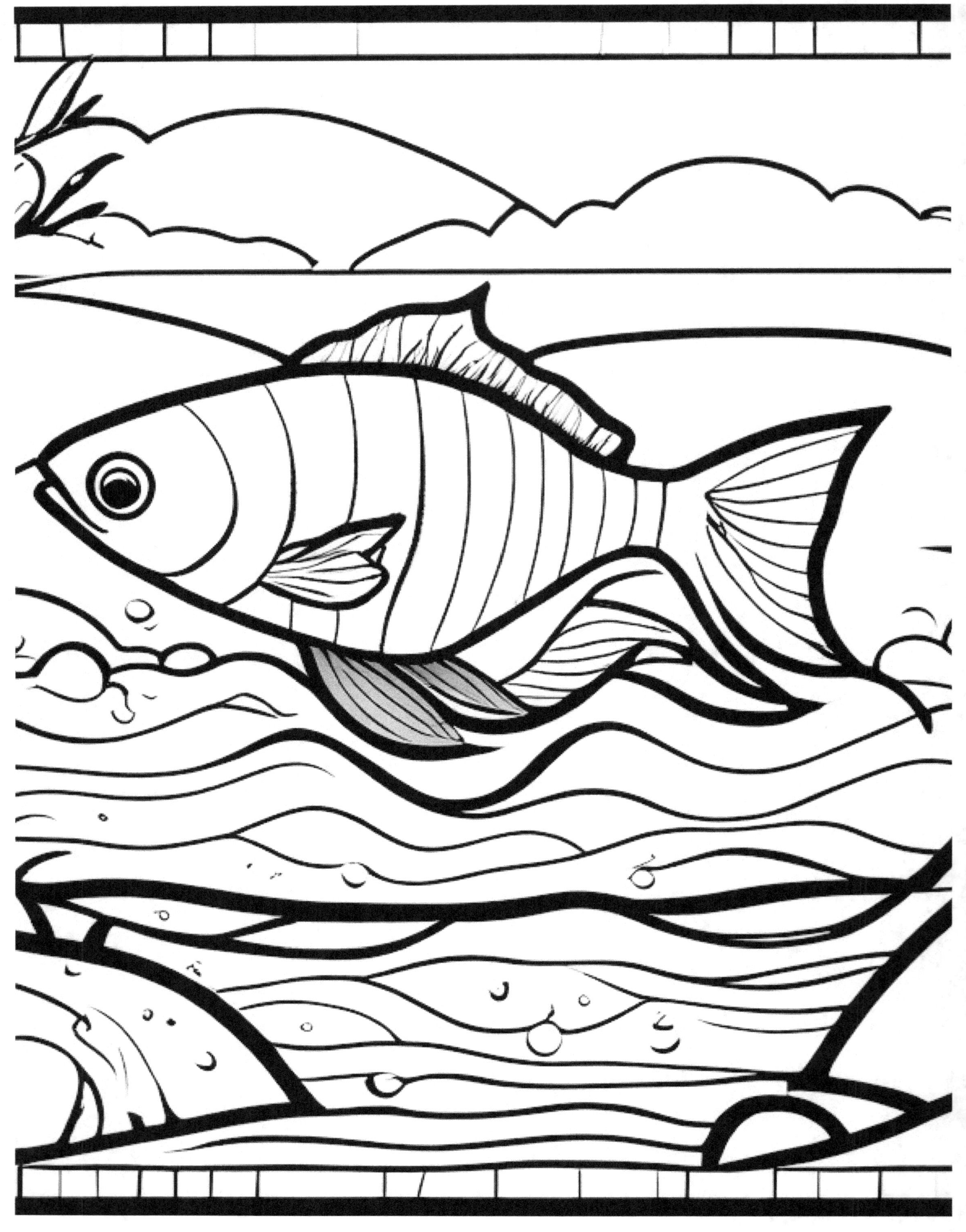

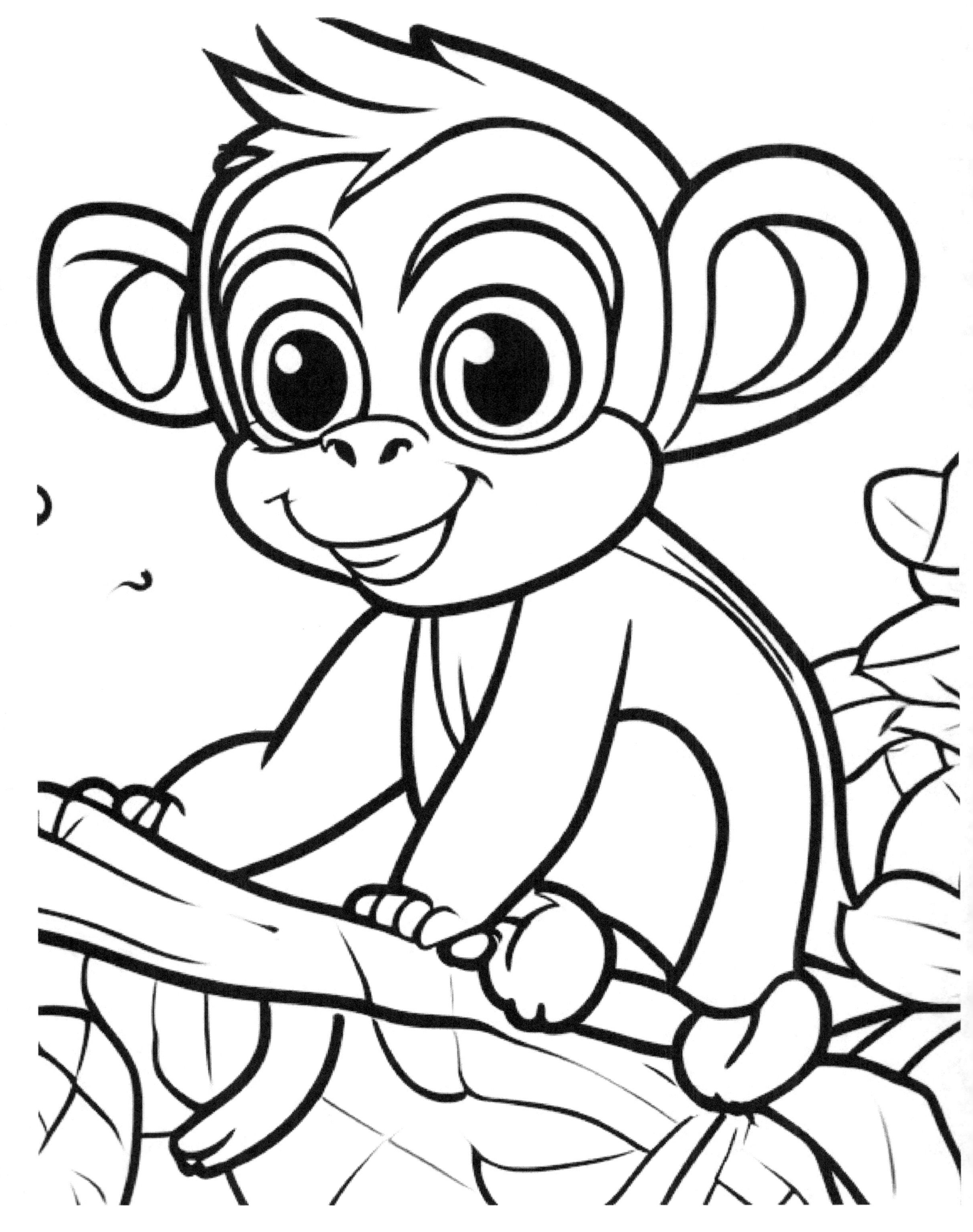

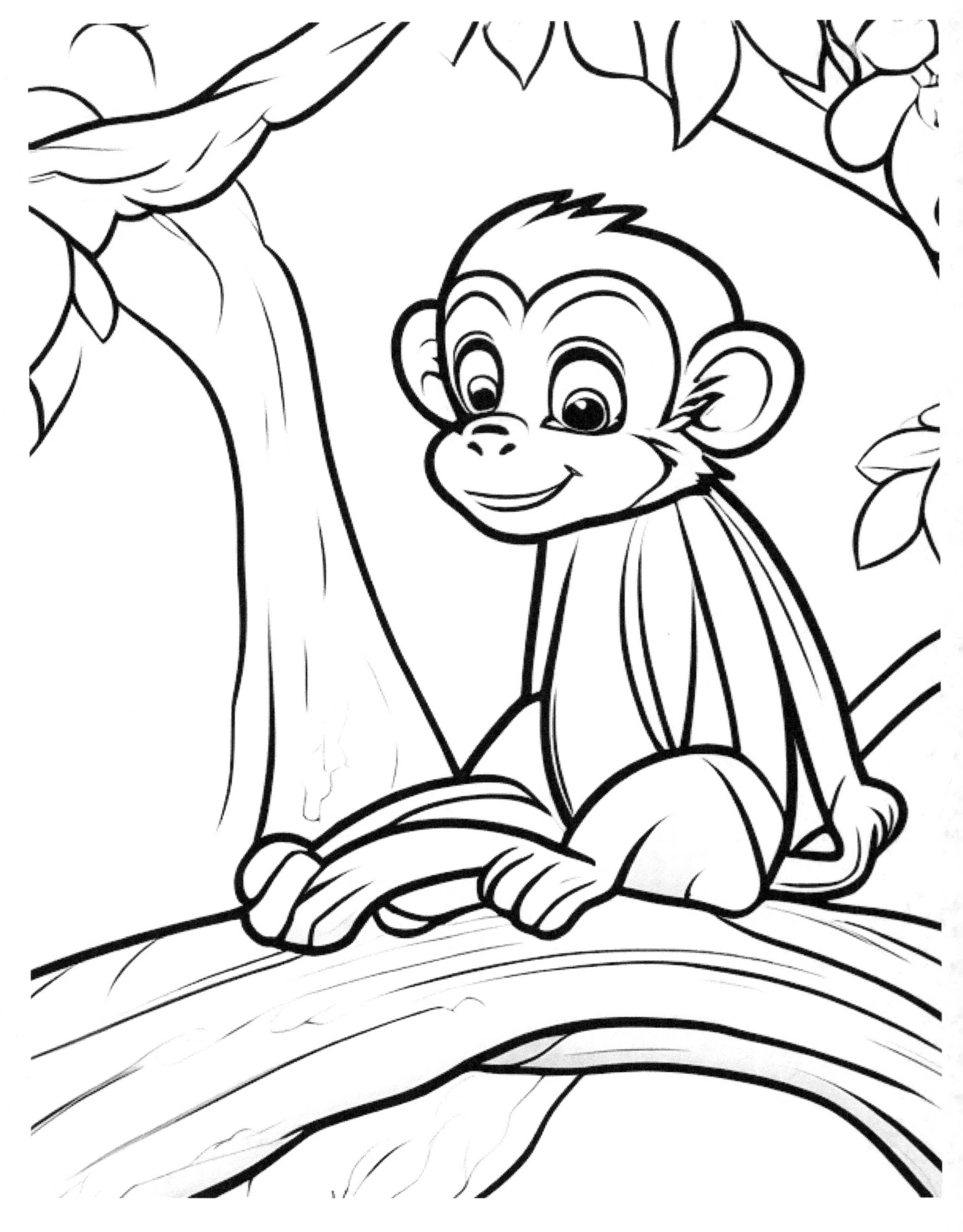

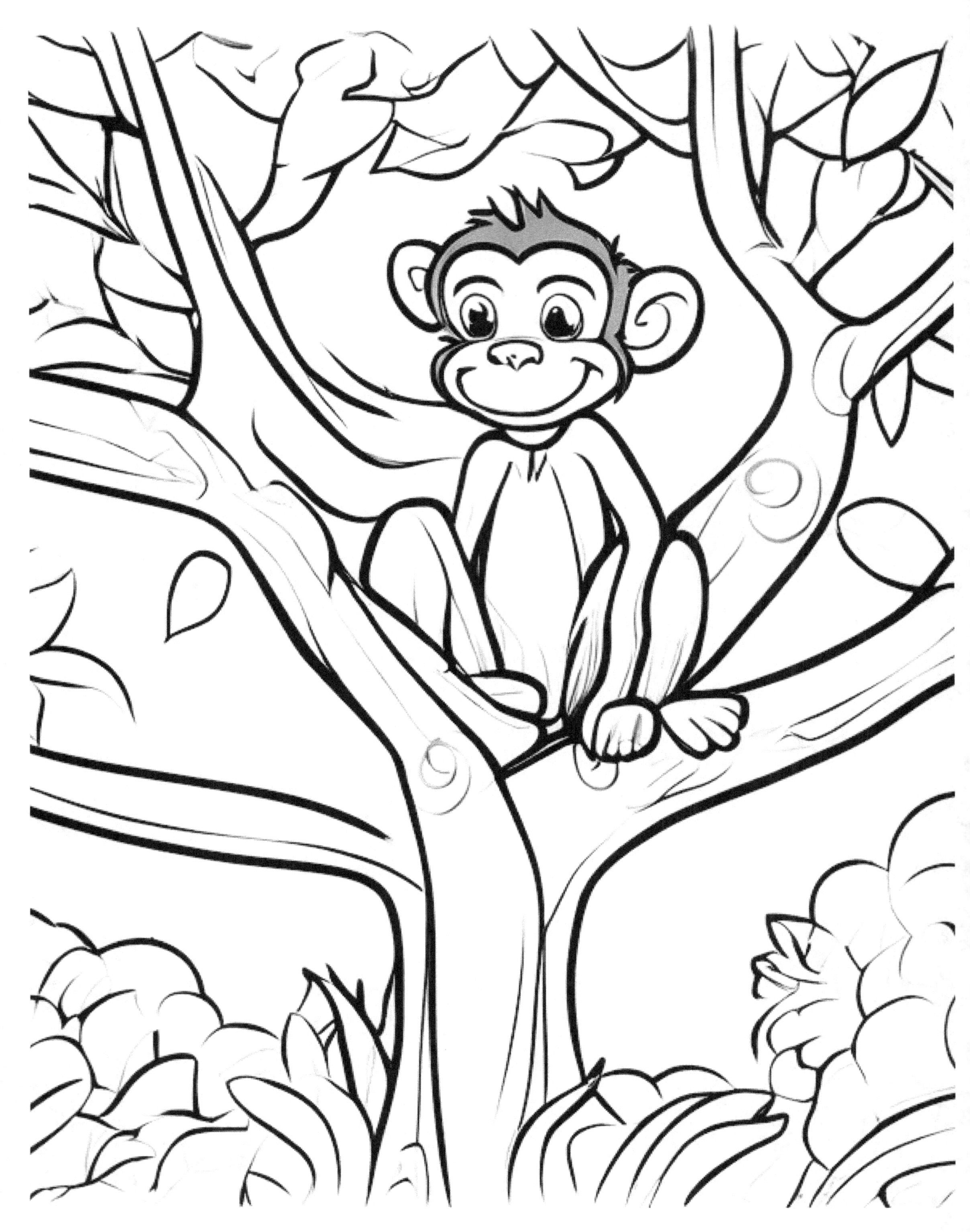

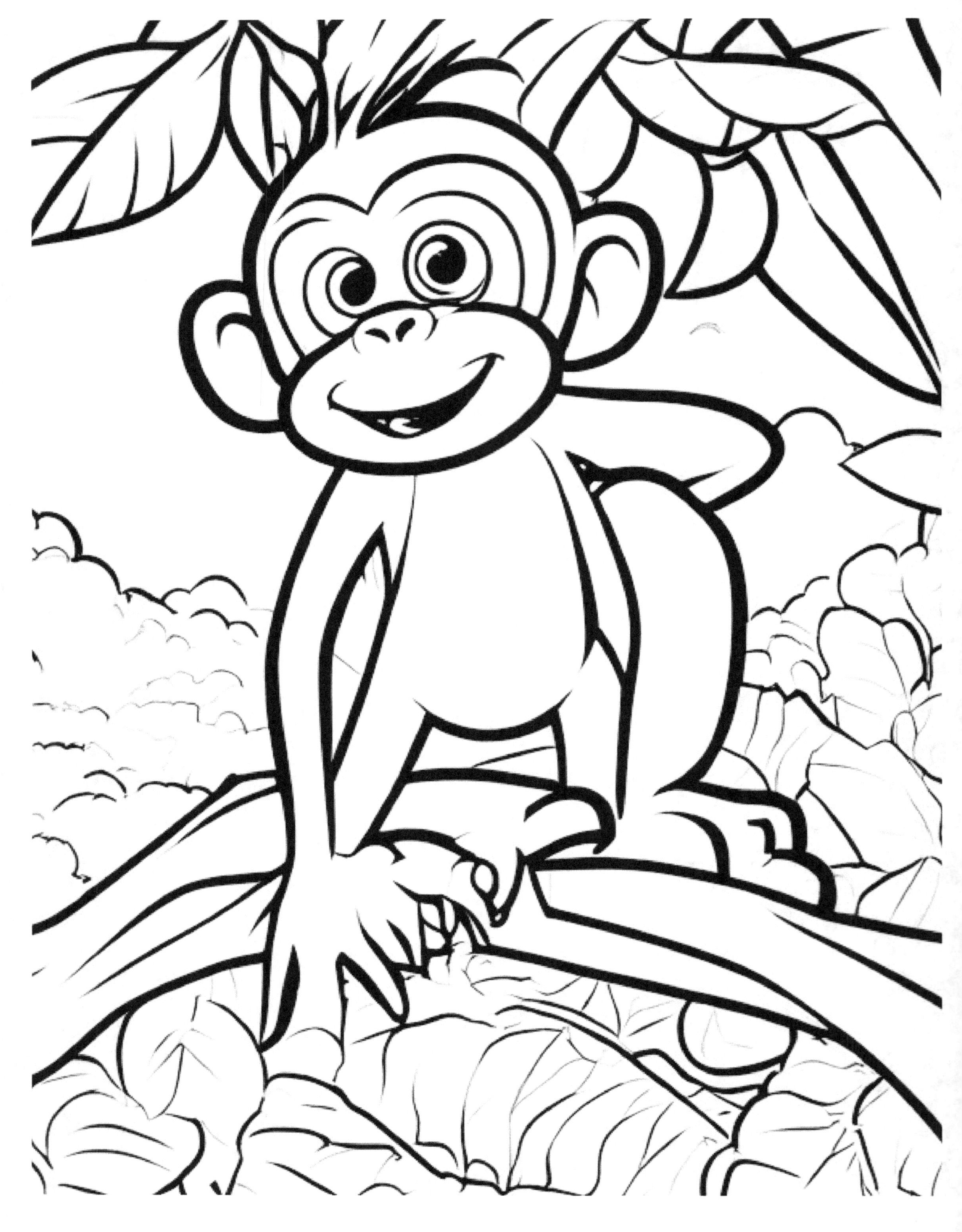

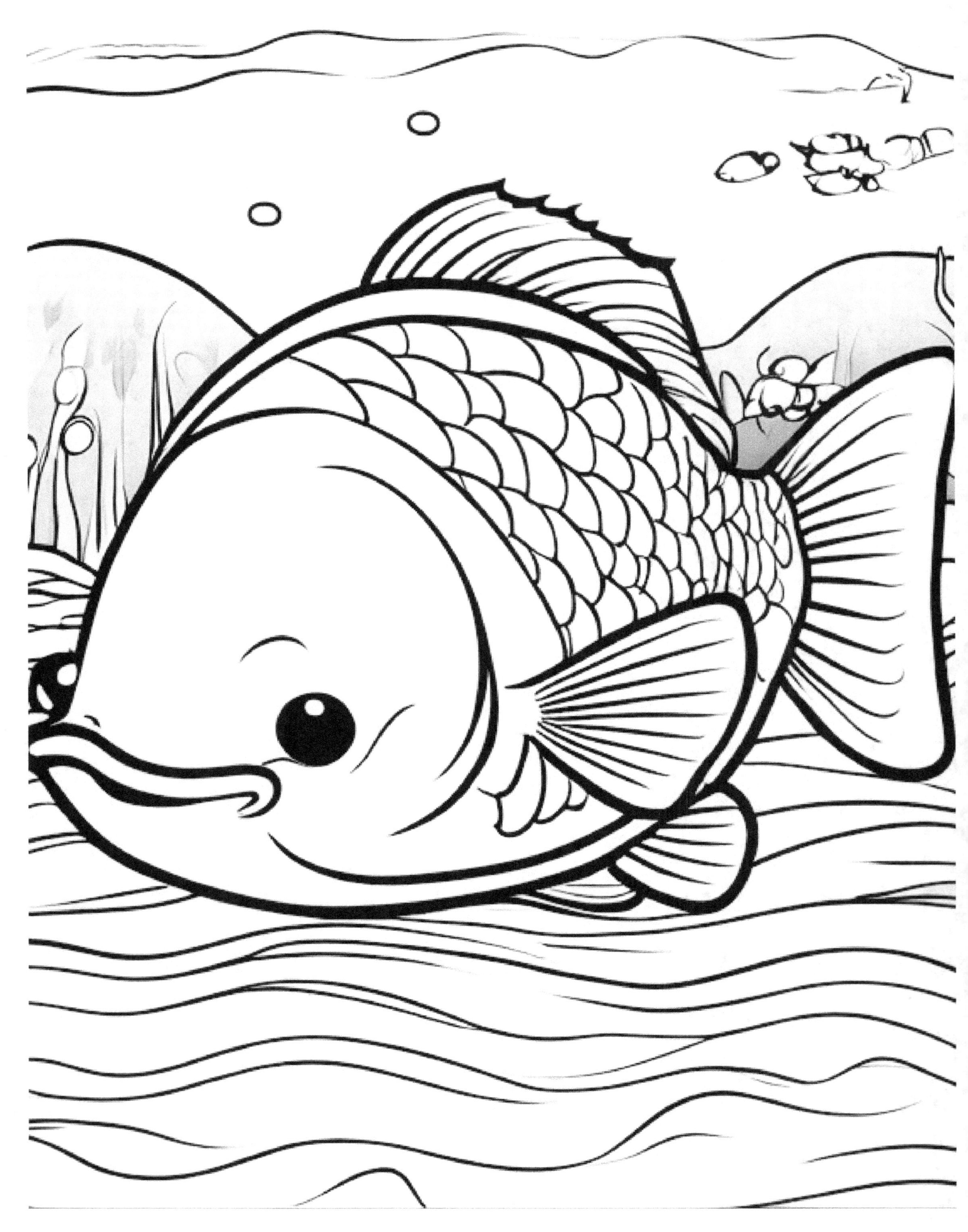

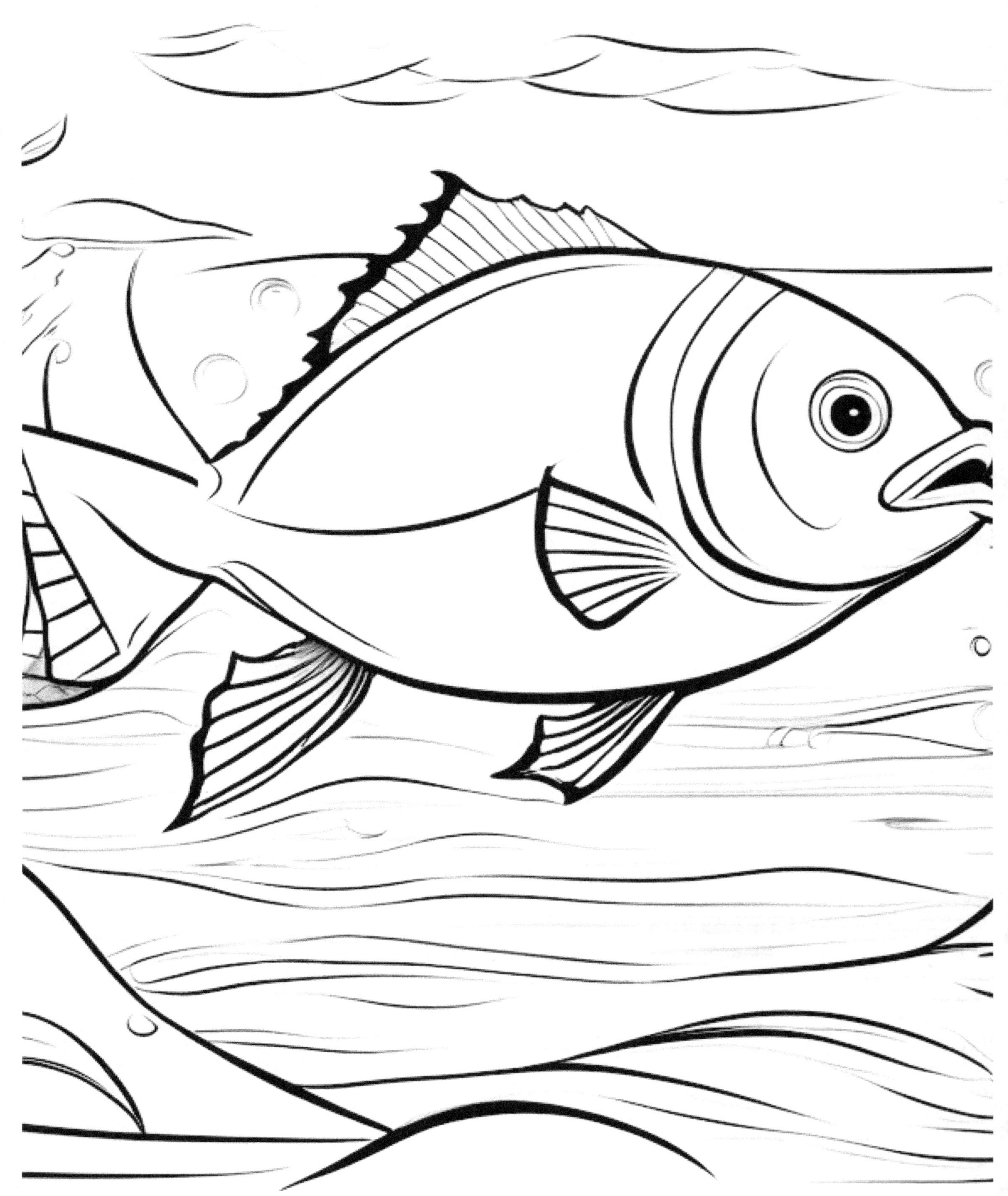

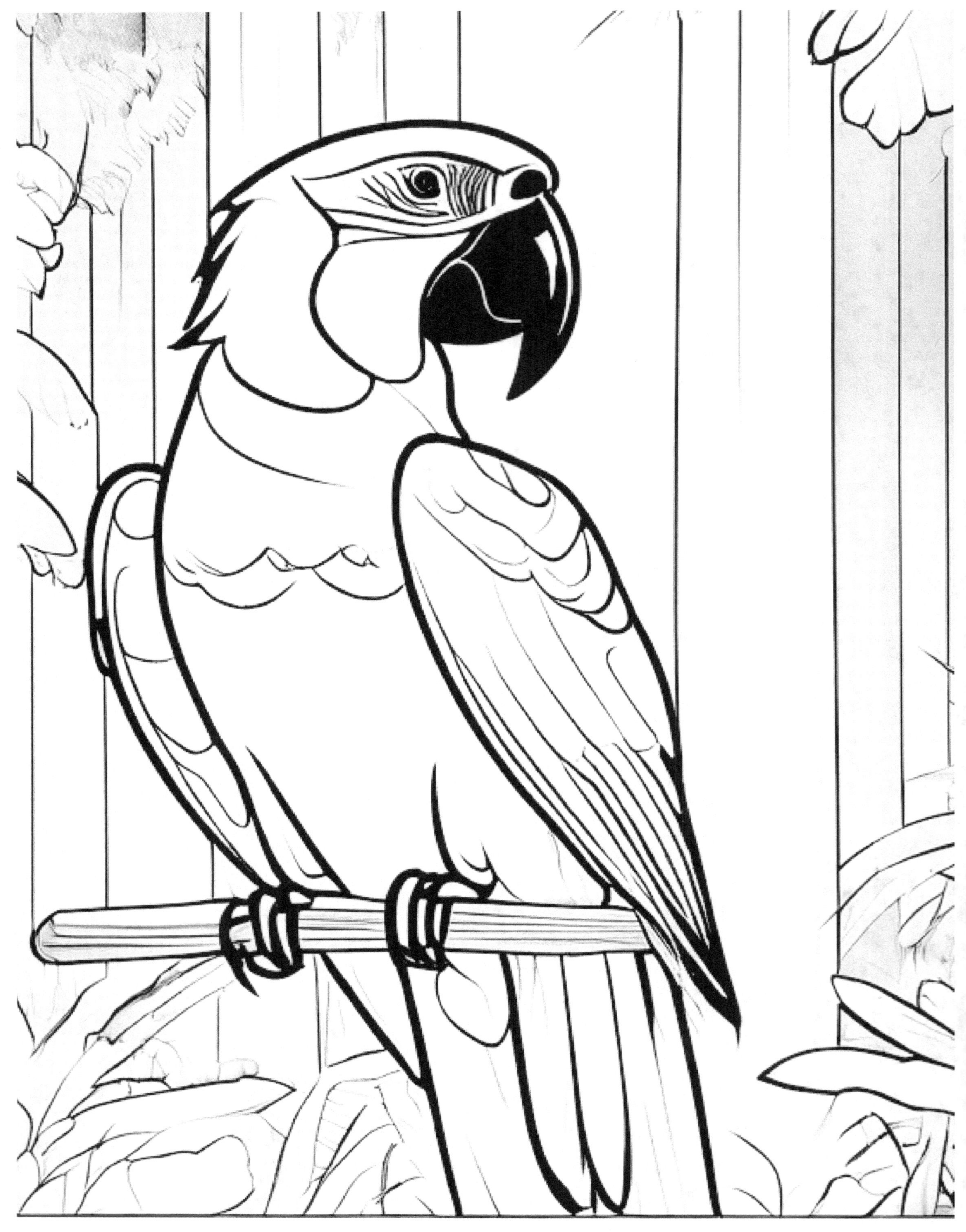

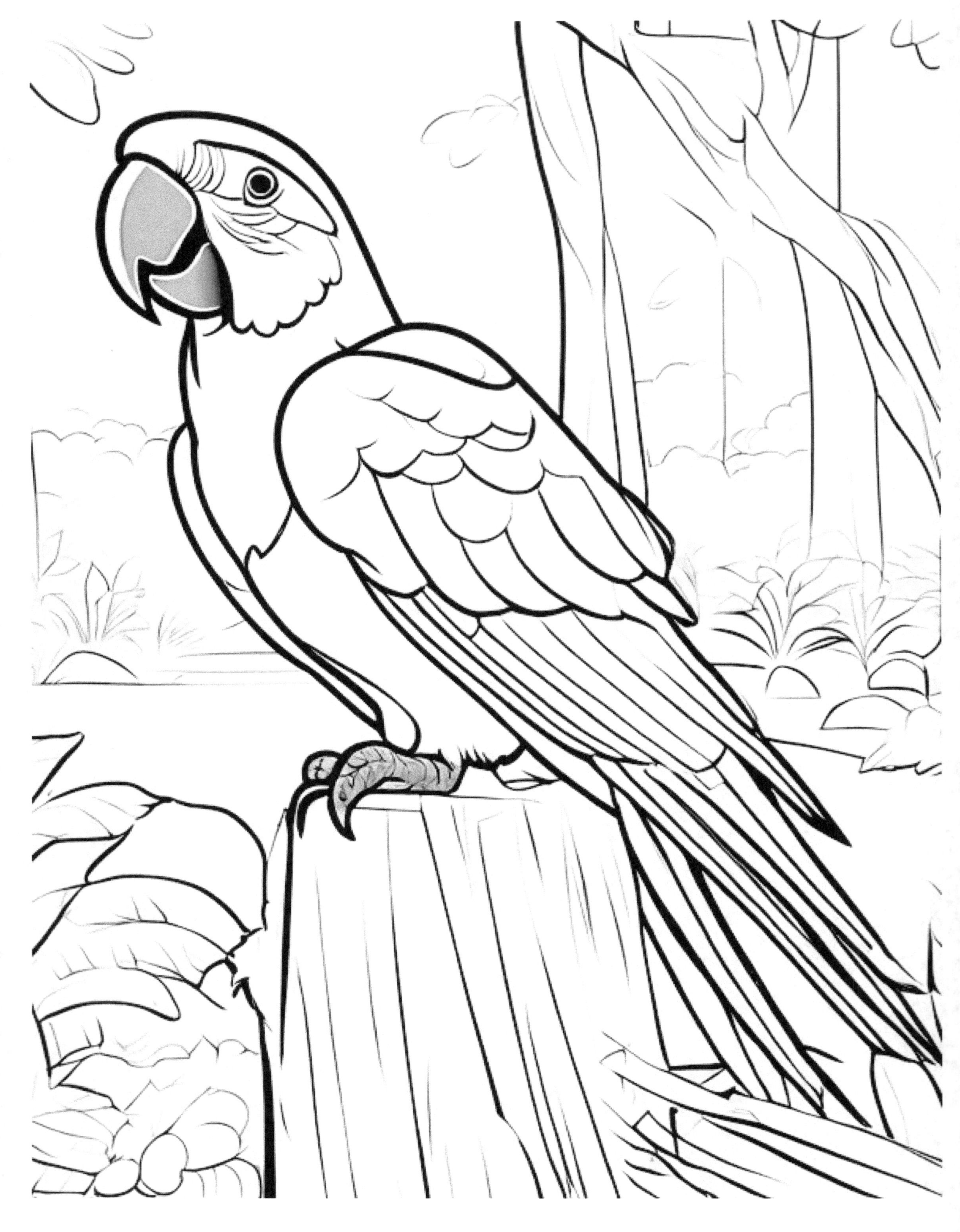

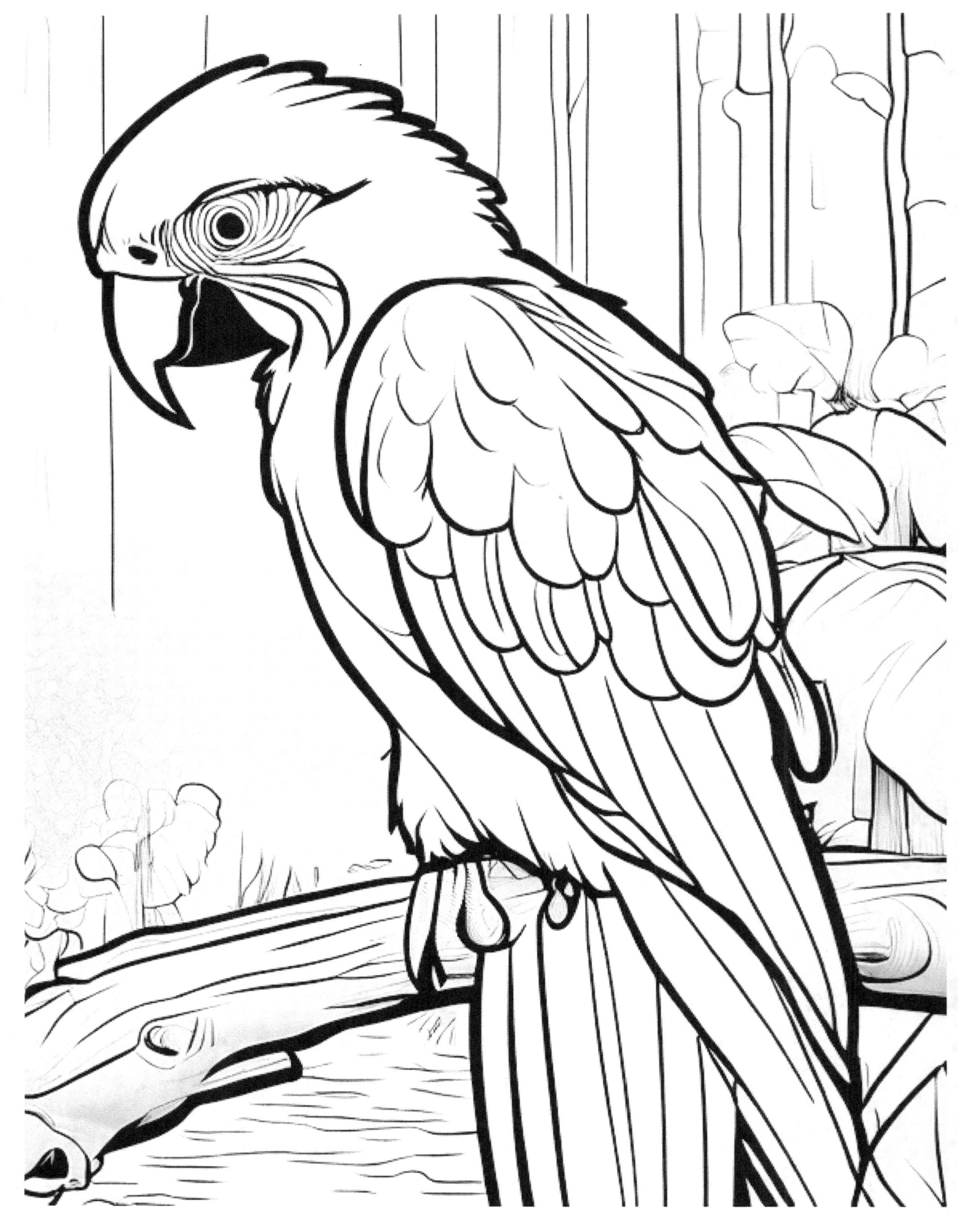

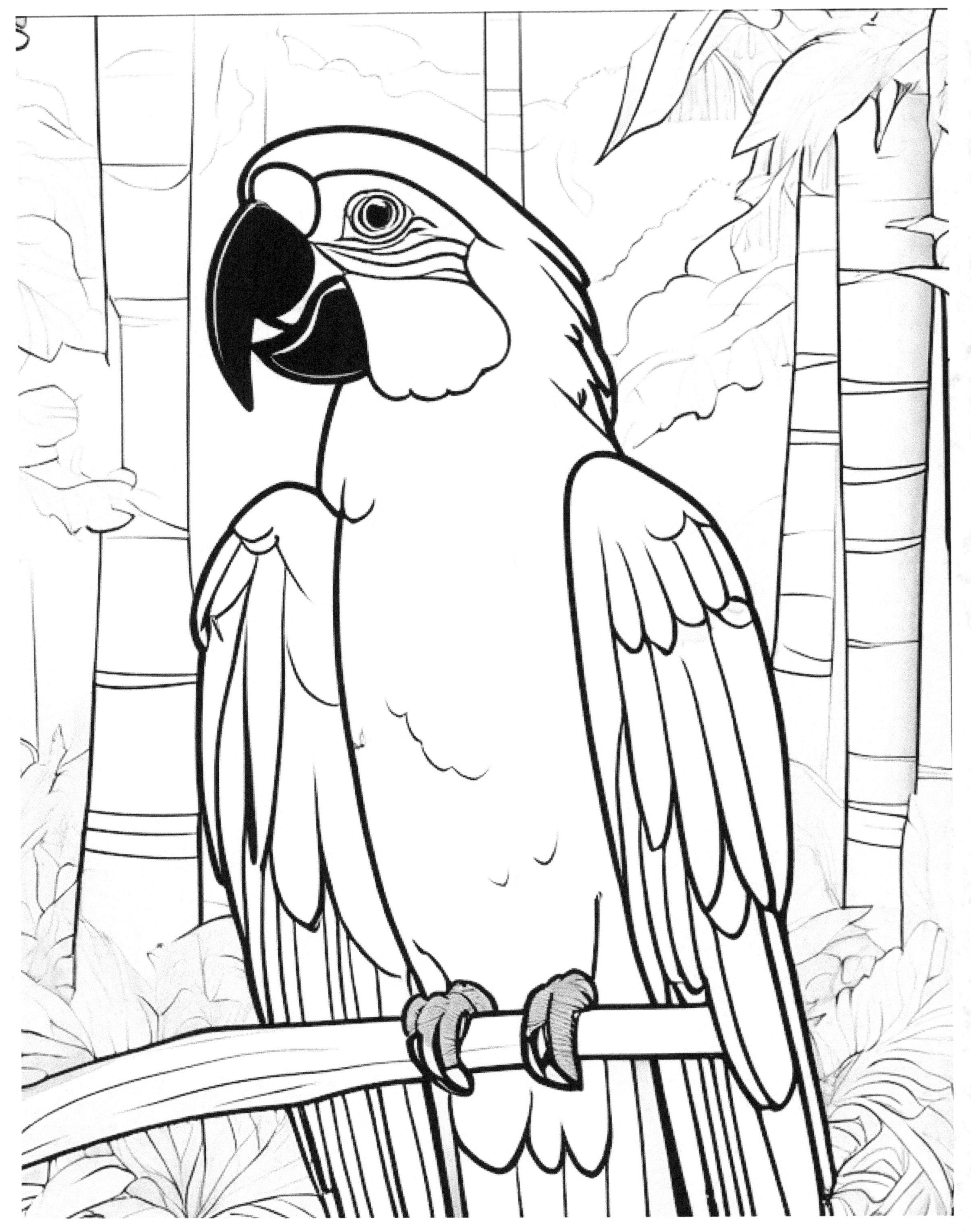

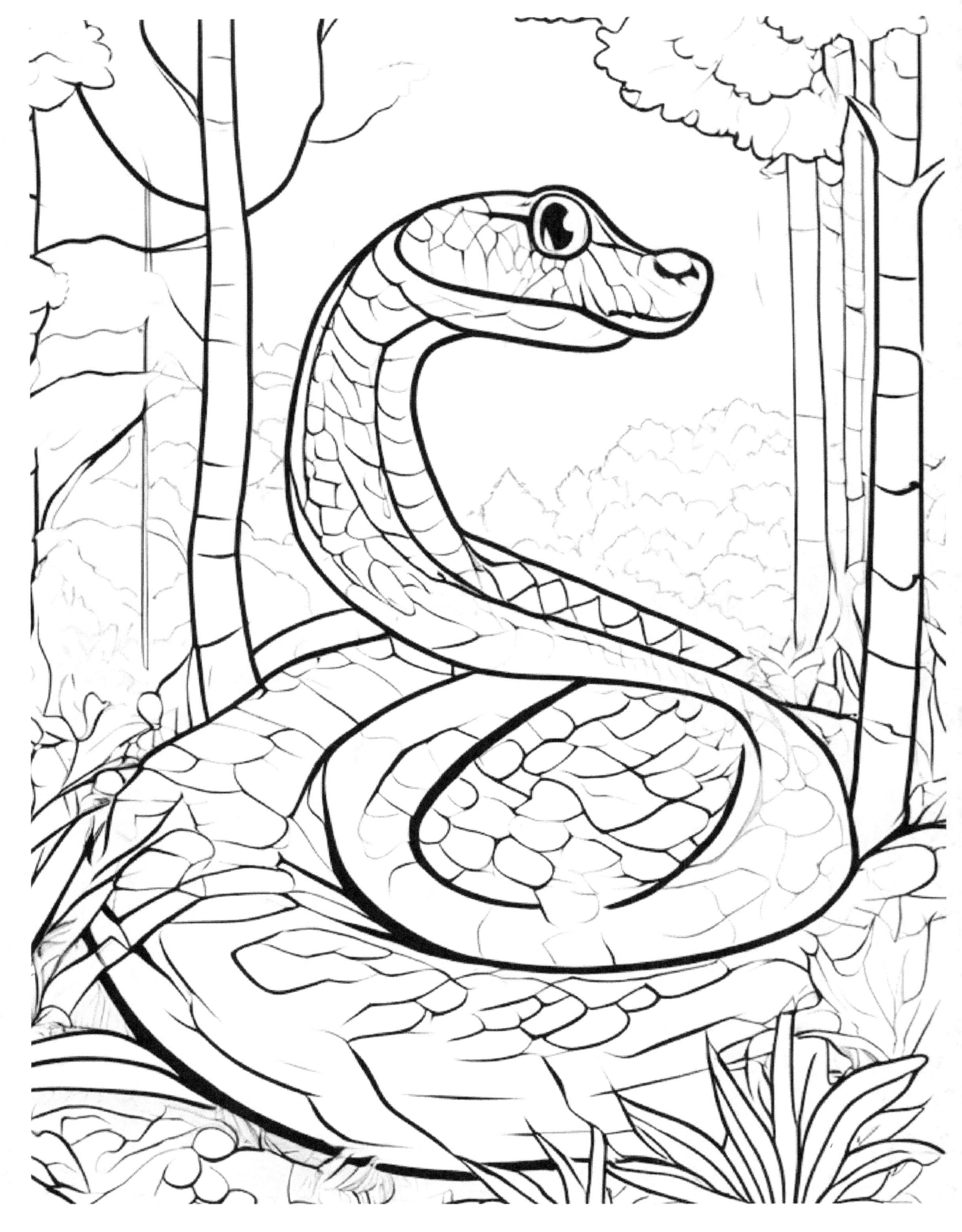

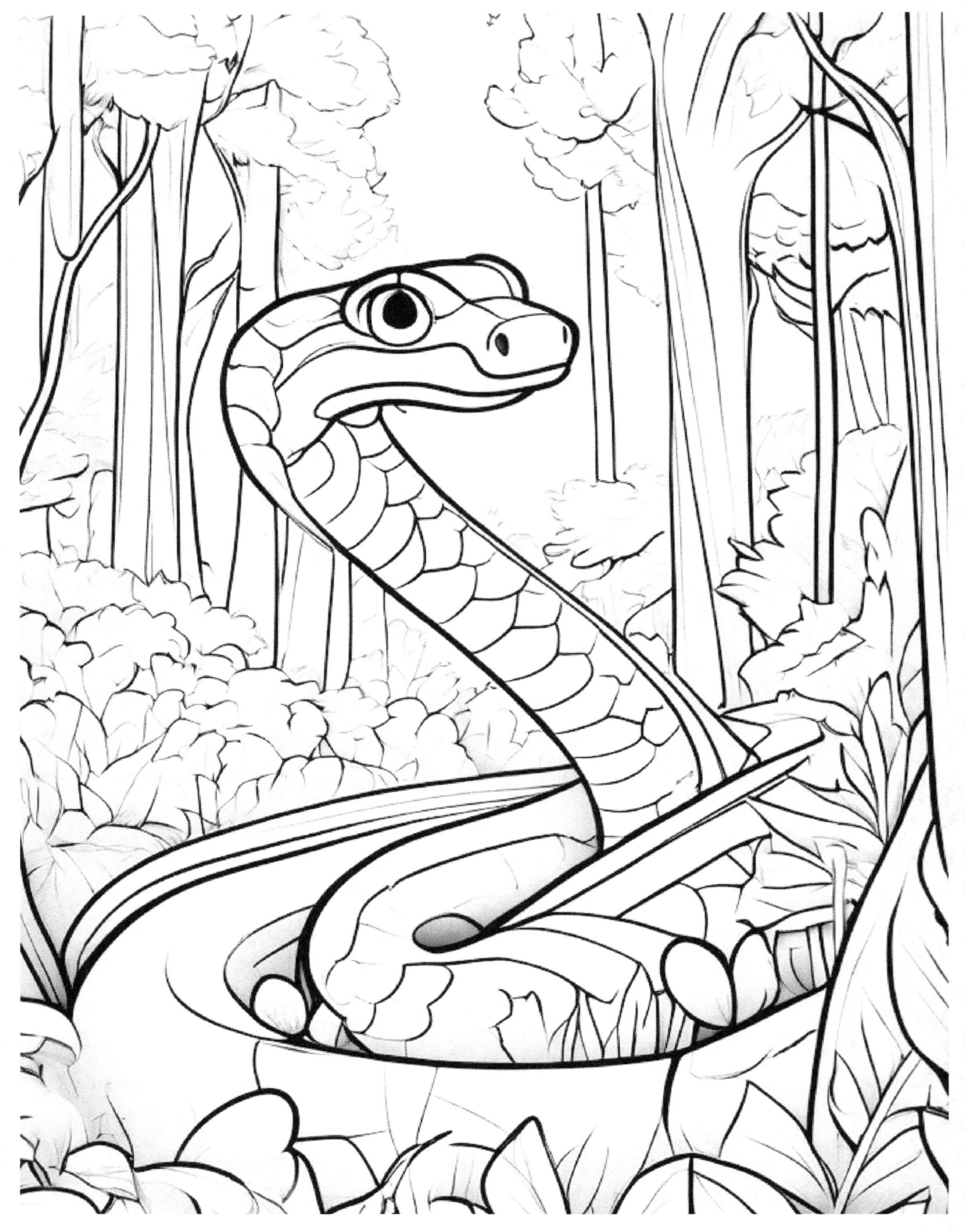

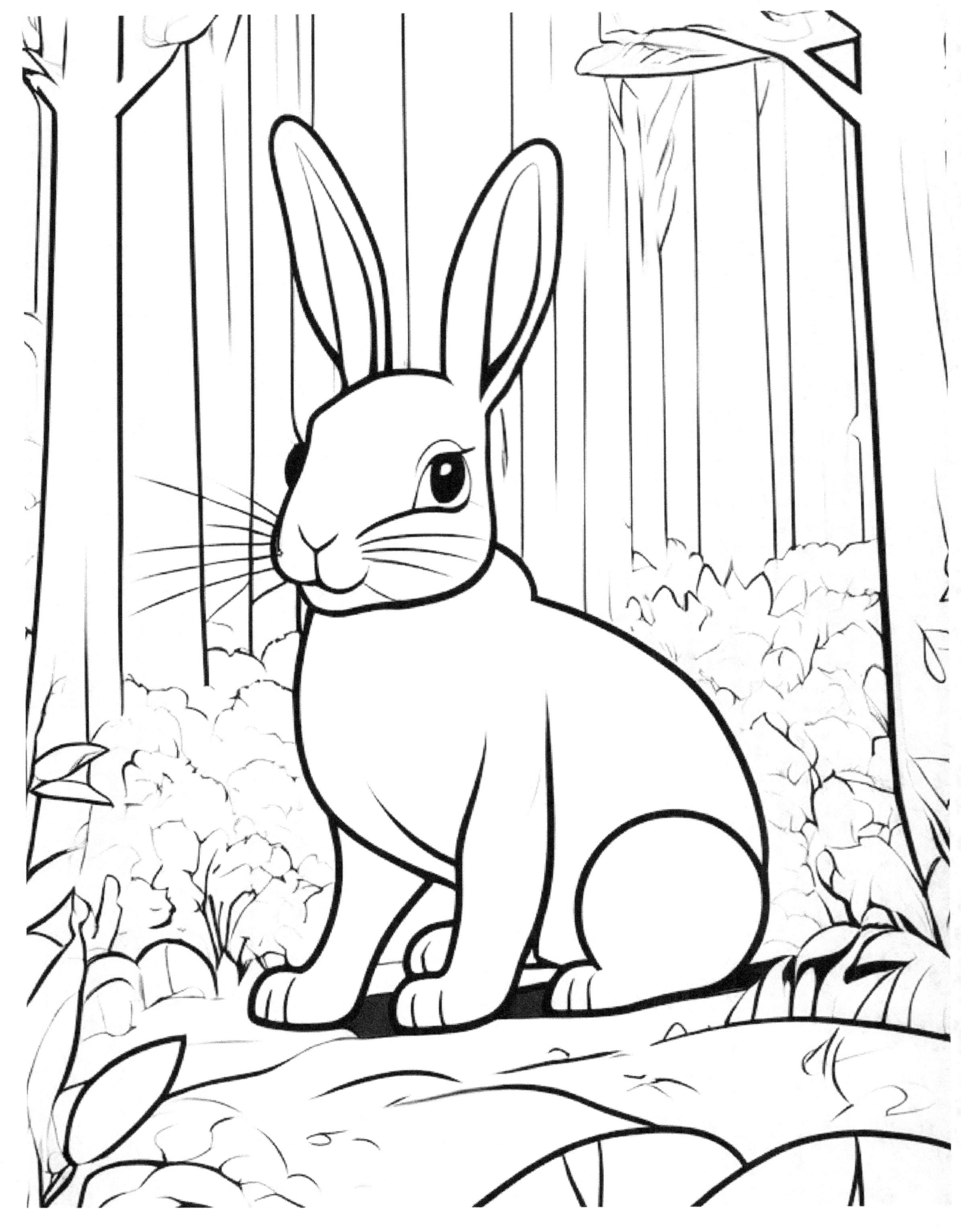

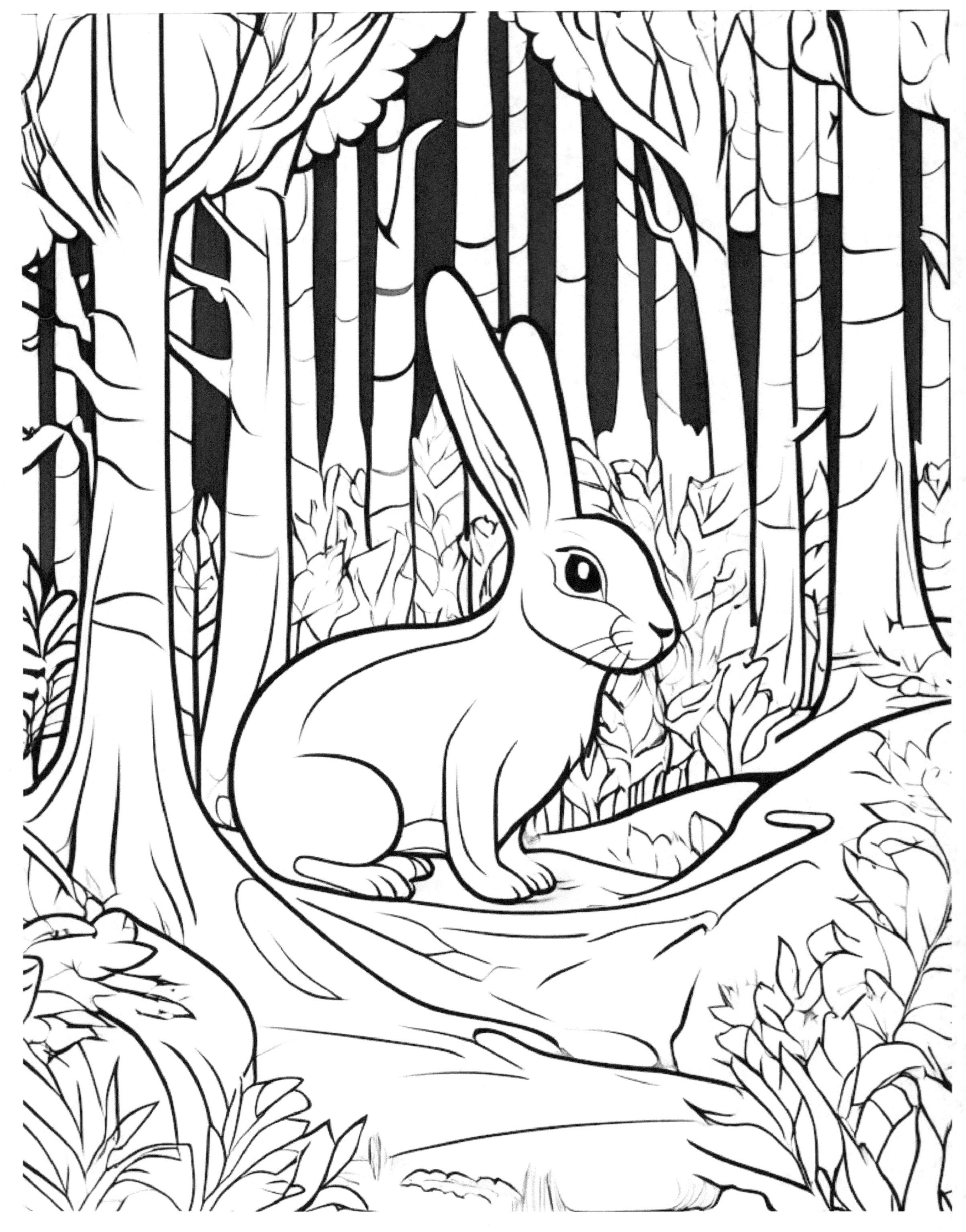

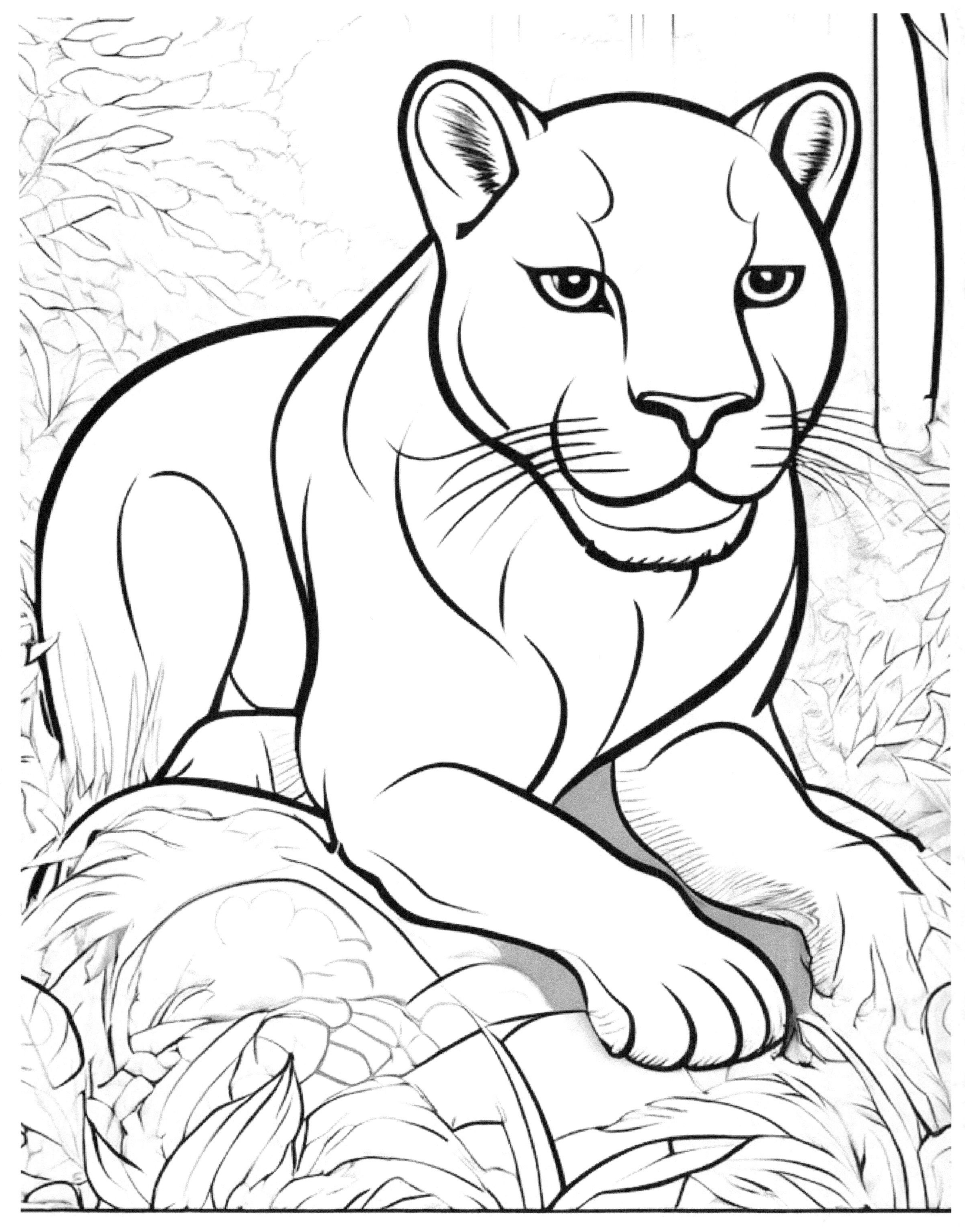

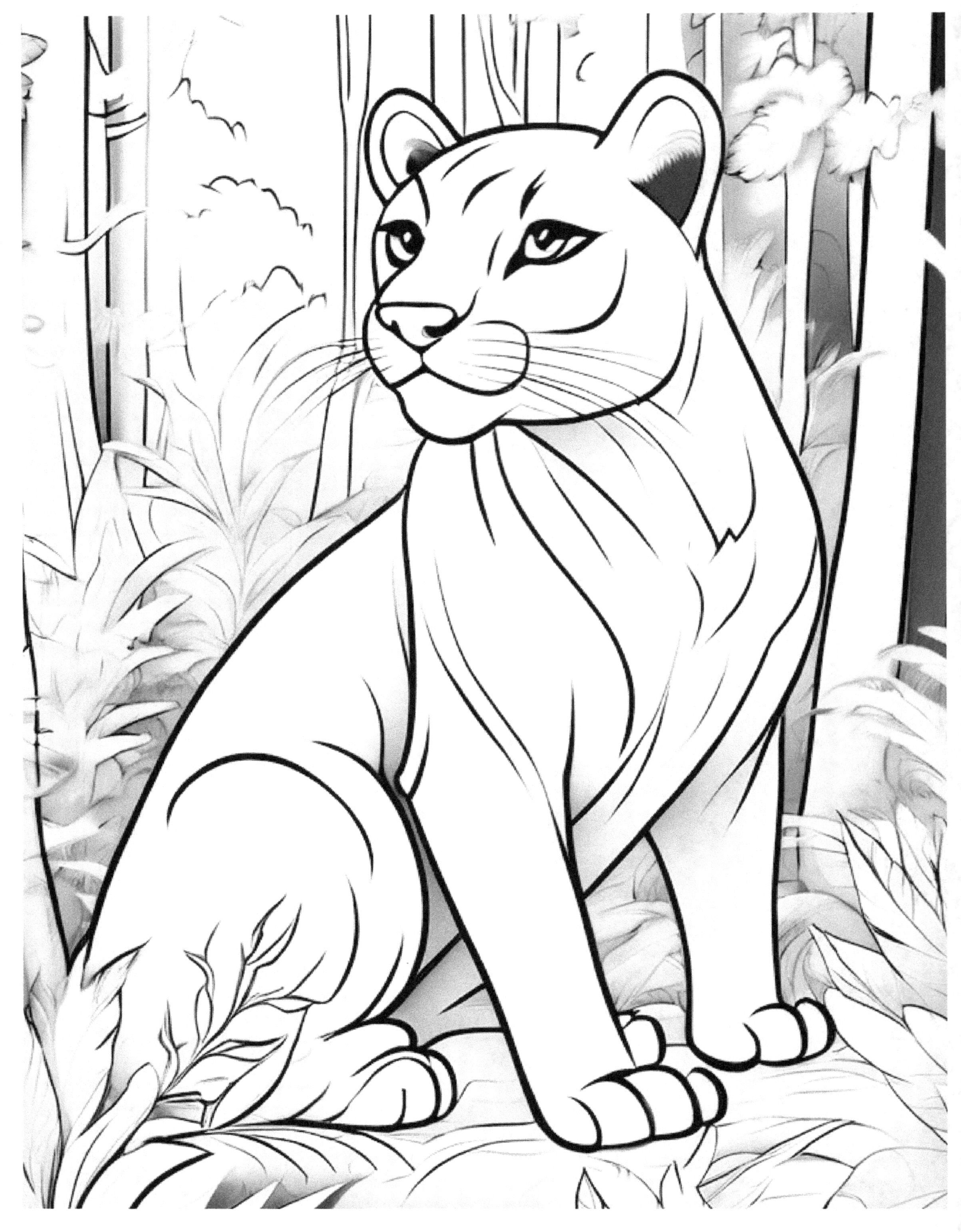

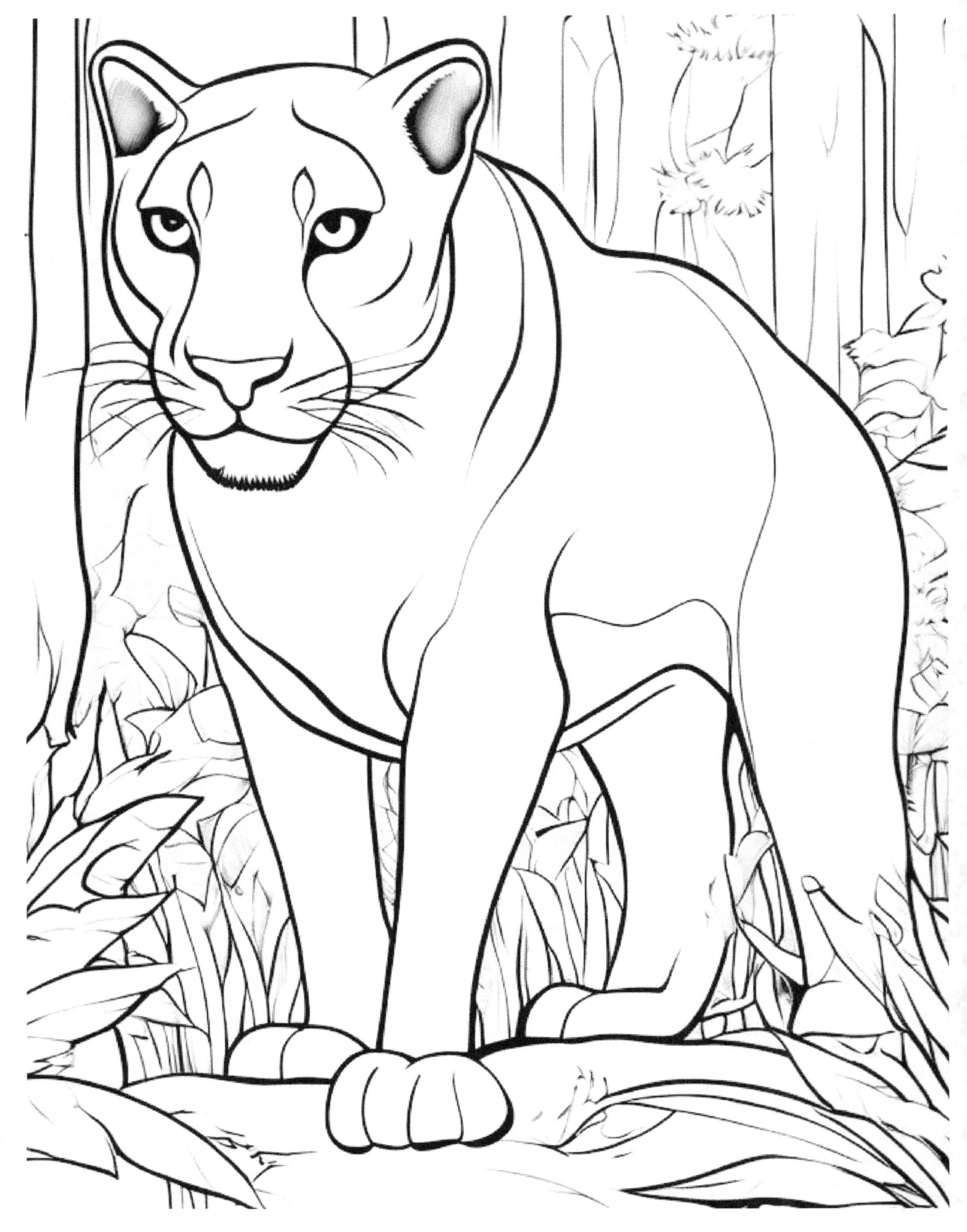

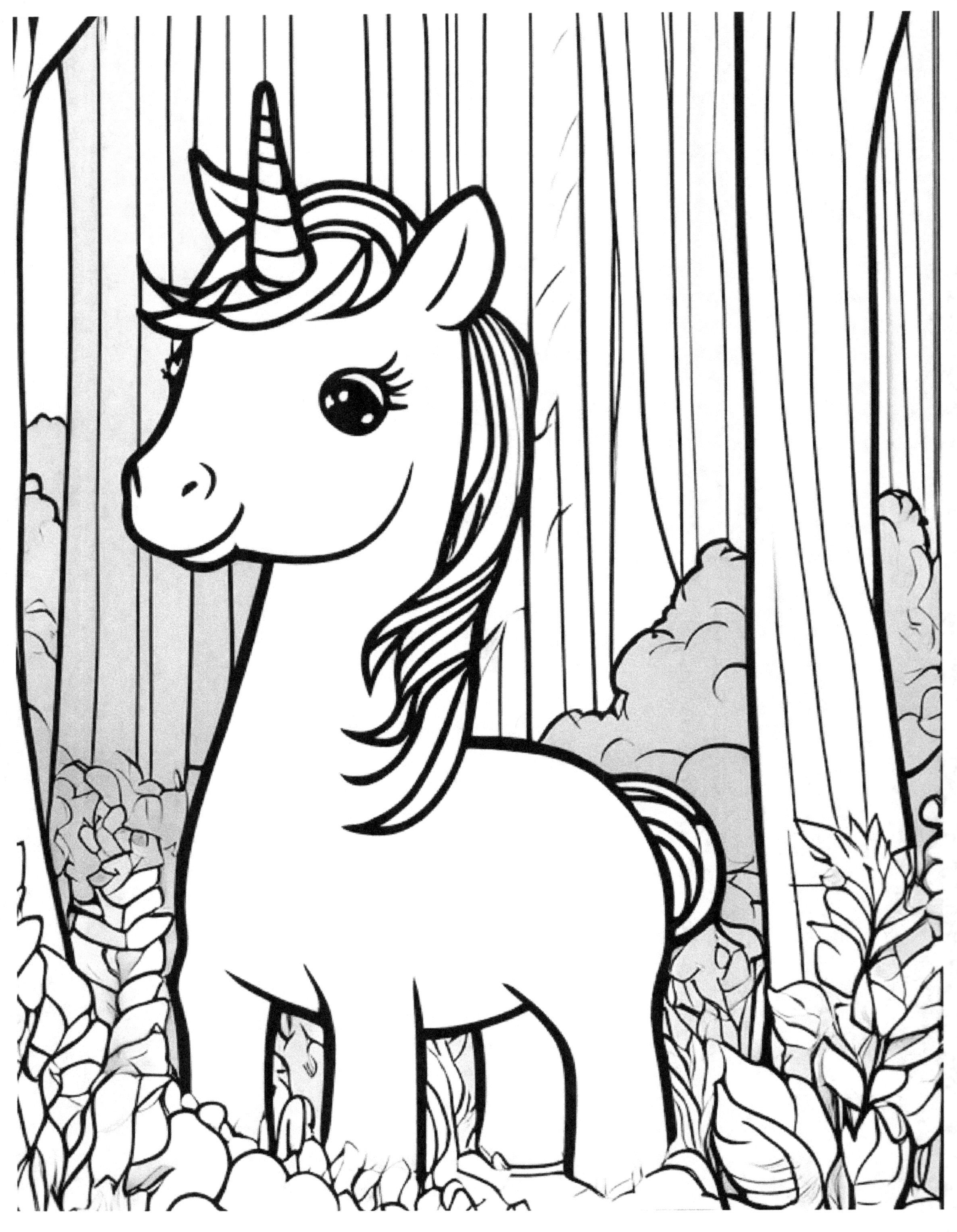

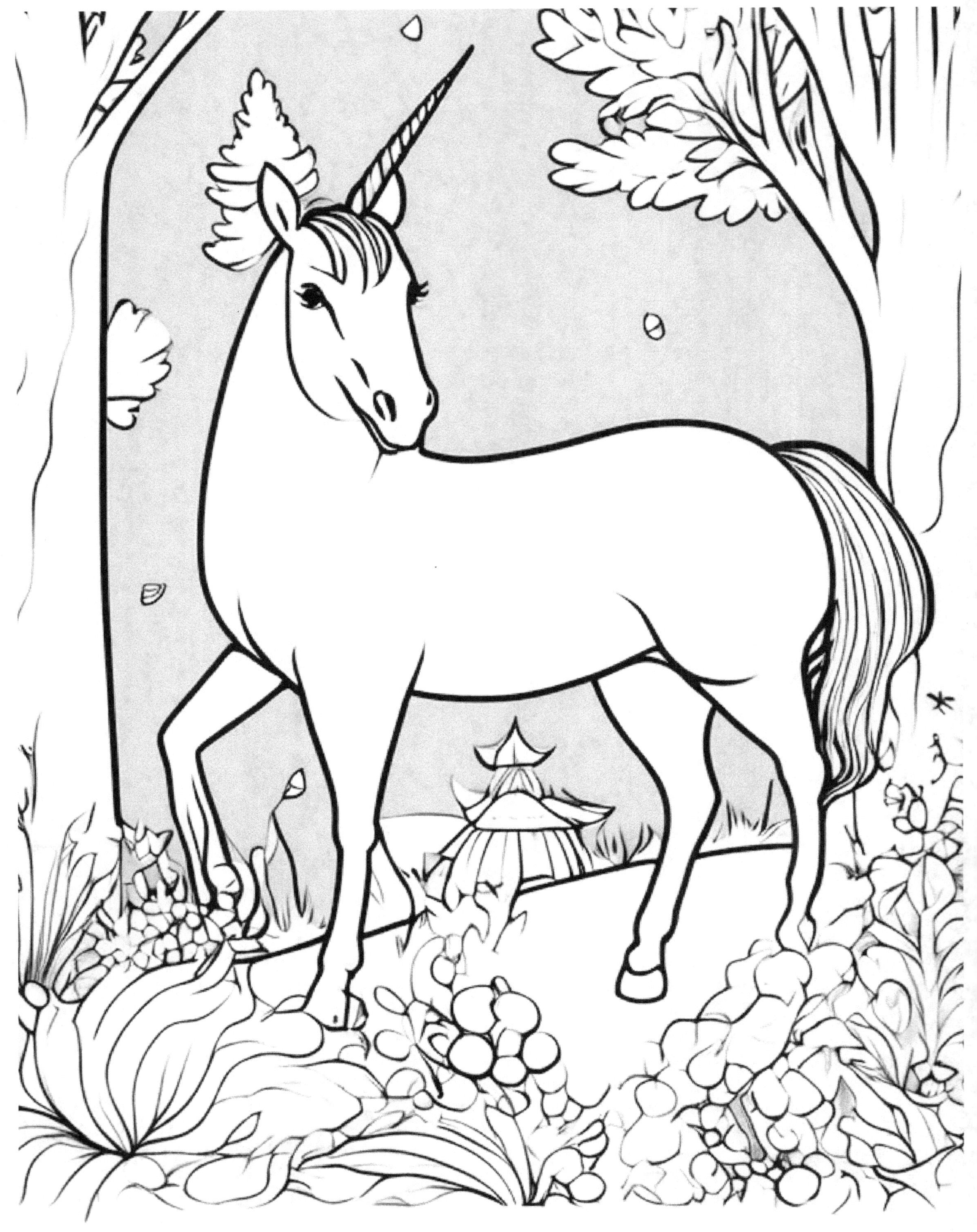

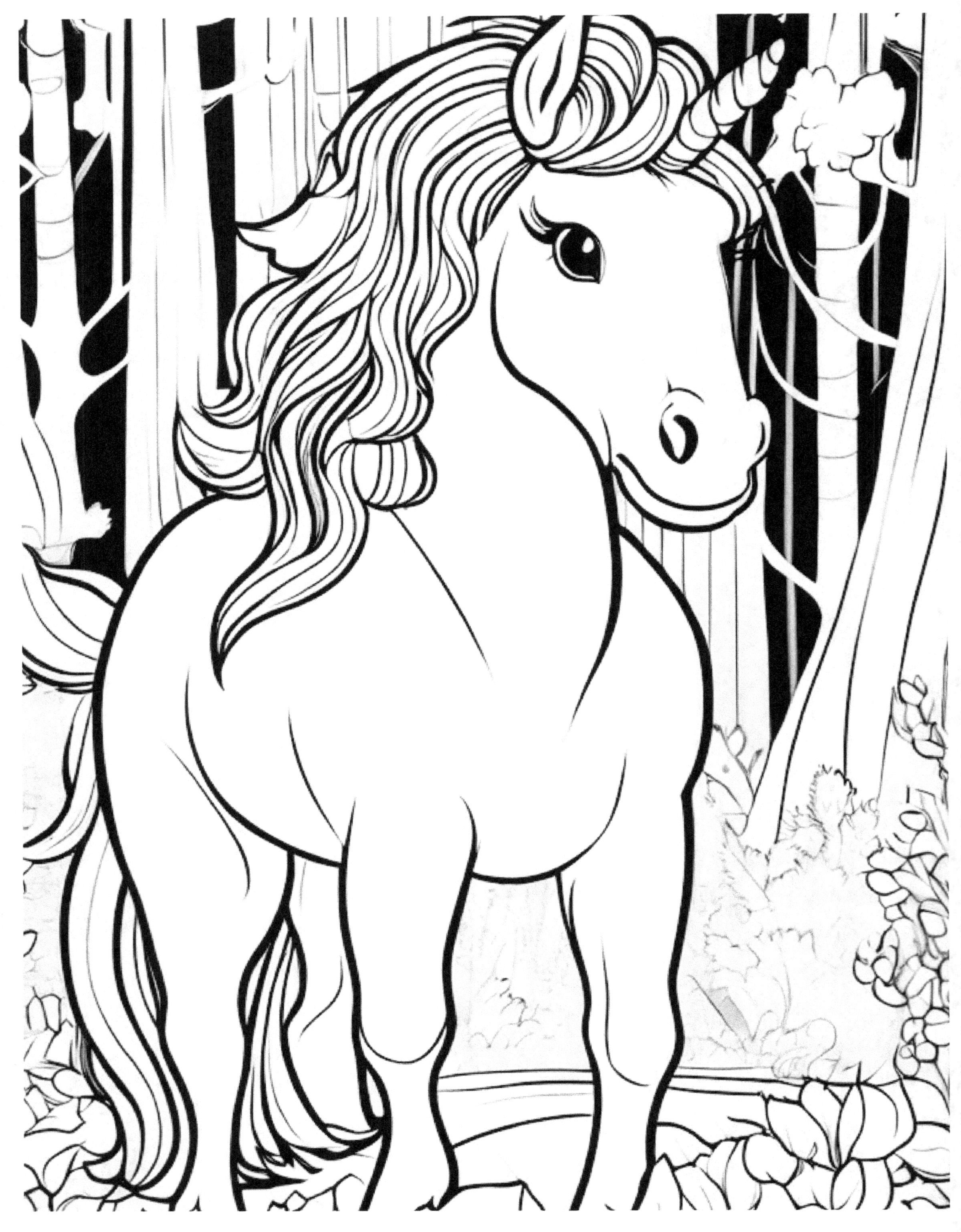